DES RÉFORMES SOCIALES

ET EN PARTICULIER

DES BANQUES HYPOTHÉCAIRES.

DES
RÉFORMES SOCIALES,

ET EN PARTICULIER DES

BANQUES HYPOTHÉCAIRES

AU POINT DE VUE DE LA MISÈRE,

PAR LE DOCTEUR MOURGUE,

Membre correspondant de l'Académie des Sciences et Belles-Lettres de l'Hérault; des Sociétés de Médecine de Bordeaux, Montpellier; honoré de plusieurs Médailles.

Le droit, c'est la liberté, c'est le mouvement, c'est la vie......

Que le premier d'entre vous soit le serviteur de tous.
S. MATHIEU.

ALAIS

IMPRIMERIE ET LIBRAIRIE DE Mme Ve VEIRUN

GRAND'RUE

— 1851 —

Lasalle, le 1er avril 1851.

Au moment où l'Assemblée nationale va s'occuper du crédit foncier, la question des réformes sociales peut avoir quelque importance d'actualité. Un travail qui réveille l'attention publique sur les vices de nos institutions et sur les réformes qu'elles réclament; un système qui consacre le triomphe du droit sur le privilège, de la liberté sur l'arbitraire, de la République sur la Monarchie, a toujours une valeur intrinsèque. Le principal ennemi du peuple, c'est l'ignorance. Le peuple a méconnu ses droits quand il a protesté contre la République. Aussi le plus grand service à rendre au peuple, c'est de l'instruire, en l'intéressant à la République et aux réformes sociales qui la feront chérir. Ce système est basé sur le droit, qui consiste dans la liberté, dans l'égalité, dans le concours universel. Le mal social, à mon point de vue, vient de l'arbitraire qui renferme la liberté d'autrui, de l'abus qui absorbe le droit des autres.

J'ai élevé sur cette base solide une chaumière pour le pêcheur, en attendant que d'autres lui construisent un palais. Si elle abrite sa misère et lui promet des jours sereins, respectez cette chaumière. Pour la détruire, vous perdriez un temps précieux, et puis ce refuge peut encore abriter une infortune. Employez plutôt votre courage et votre intelligence à créer une œuvre meilleure. Le but est digne de vos efforts, les moyens ne sont pas au-dessus de vos forces; si vous réussissez un jour, j'applaudirai à votre triomphe et je serai toujours heureux de pouvoir y contribuer.

Lasalle, le 1er avril 1851.

Au moment où l'Assemblée nationale va s'occuper du crédit foncier, la question des réformes sociales peut avoir quelque importance d'actualité. Un travail qui réveille l'attention publique sur les vices de nos institutions et sur les réformes qu'elles réclament; un système qui consacre le triomphe du droit sur le privilége, de la liberté sur l'arbitraire, de la République sur la Monarchie, a toujours une valeur intrinsèque. Le principal ennemi du peuple, c'est l'ignorance. Le peuple a méconnu ses droits quand il a protesté contre la République. Aussi le plus grand service à rendre au peuple, c'est de l'instruire, en l'intéressant à la République et aux réformes sociales qui la feront chérir. Ce système est basé sur le droit, qui consiste dans la liberté, dans l'égalité, dans le concours universel. Le mal social, à mon point de vue, vient de l'arbitraire qui renferme la liberté d'autrui, de l'abus qui absorbe le droit des autres.

J'ai élevé sur cette base solide une chaumière pour le pêcheur, en attendant que d'autres lui construisent un palais. Si elle abrite sa misère et lui promet des jours sereins, respectez cette chaumière. Pour la détruire, vous perdriez un temps précieux, et puis ce refuge peut encore abriter une infortune. Employez plutôt votre courage et votre intelligence à créer une œuvre meilleure. Le but est digne de vos efforts, les moyens ne sont pas au-dessus de vos forces; si vous réussissez un jour, j'applaudirai à votre triomphe et je serai toujours heureux de pouvoir y contribuer.

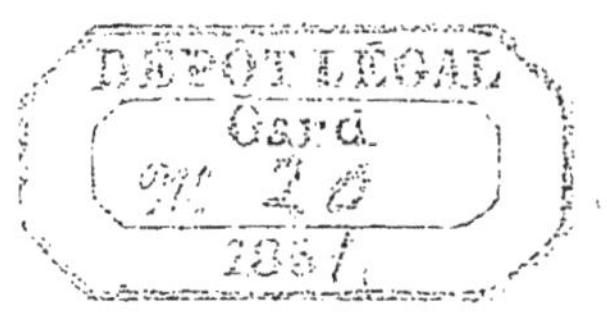

DES

RÉFORMES SOCIALES,

ET EN PARTICULIER,

DES BANQUES HYPOTHÉCAIRES

AU POINT DE VUE DE LA MISÈRE.

La misère est une question toute palpitante d'intérêt et d'actualité, toujours digne de la méditation des philosophes, de la sollicitude des législateurs. Le paupérisme est une entité morbide dont l'origine se perd dans la nuit des tems, dont la nature s'enveloppe de mystères, dont le véritable traitement n'a pas été formulé. Car la misère n'est pas toujours un accident de la nature humaine; la misère est encore un caprice du sort; la misère est souvent une imperfection de la loi, un vice de nos institutions.

C'est sous ce triple point de vue de la misère organique, surnaturelle, et sociale, que nous étudierons les réformes.

DE LA MISÈRE NATURELLE.

La misère est tantôt une maladie locale, individuelle, inhérente à la nature humaine; intimément liée à son organisation, à son éducation, à sa relation avec le monde extérieur. Ses ravages sont bornés, ses victimes discrètes; son importance relative a été exagérée. Telle est la misère qui résulte des maladies, des infirmités, de la vieillesse; de l'ignorance, de l'imprudence et de l'imprévoyance. Contre toutes ces infirmités inhérentes à la nature humaine, et que la civilisation tend constamment à atténuer, la charité chrétienne possède des ressources précieuses : les hôpitaux, les hospices, les salles d'asile, les cités ouvrières, les Caisses d'épargnes et de retraite, etc. (*).

(*) En attendant que le Gouvernement se charge des assurances, voici un système d'association sur les Caisses d'épargnes, à l'usage des classes inférieures, destiné à faire fructifier les économies que les réformes sociales permettront de réaliser. Dans ce système, plusieurs individus se réuniraient, dans chaque localité, pour déposer à la Caisse d'épargnes, une certaine somme sur la tête de leurs enfans. Ces sommes, grossies des intérêts, seraient réparties, à une époque déterminée, aux survivans, et serviraient aux frais d'un état, d'un premier établissement, etc.

Les meilleures Compagnies d'assurances n'arriveront jamais à des résultats aussi avantageux, quelles que soient leurs promesses et leurs garanties. Car elles prélèvent toutes, pour honoraires ou frais de gestion, le 20e du capital, le taux de leurs placemens étant le même que pour les Caisses d'épargnes, le taux du Gouvernement. Un exemple fera ressortir les avantages de ce mode d'association et les moyens de l'effectuer.

Dix personnes, par exemple, déposent la somme de 500 fr. sur la tête de leurs enfans, qui viennent de naître. Il est stipulé sur

DE LA MISÈRE SURNATURELLE.

Il est une autre classe plus importante de misères humaines dont la cause réside, en dehors de l'humanité, dans les arrêts du destin; misère surnaturelle frappant de nombreuses familles, des populations plus ou moins considérables. Ces fléaux inévitables atteignent indirectement l'humanité dans la manifestation de sa puissance, sur les êtres inférieurs qu'elle s'est appropriés et qui servent à son existence ou à ses plaisirs. Tels sont, la disette, le manque de récolte, les incendies, les inondations, les maladies épidémiques, les épizooties, etc. A tous ces désastres surhumains, que la science atténue, que la charité pallie, l'association seule oppose un

---

les livrets que ces diverses sommes, grossies des intérêts, ne seront réparties qu'aux seuls survivans et au bout de vingt ans, je suppose. Ces mises forment une somme de 5,000 fr., laquelle placée à 5 p. %, taux du Gouvernement, et capitalisée tous les six mois, produit au bout de vingt ans, 13,420 fr. La part des survivans, à cette époque, ne peut être déterminée d'une manière rigoureuse : elle est subordonnée à la mortalité qui varie dans chaque localité, selon une foule de circonstances. D'après la loi de mortalité, en France, c'est-à-dire d'après les probabilités, la moitié à peu près des enfans qui naissent ont succombé à vingt ans; ce qui élève la mise des survivans à 2,684 fr., près de six fois la mise primitive. Mais, je le répète, ces résultats sont variables et peuvent être dépassés. Les mises primitives sont facultatives et peuvent varier selon la position pécuniaire des associés; les recouvremens leur seront alors proportionnels. Ainsi, celui qui n'aura versé que 250 fr. ne percevra que 1,342 fr. ou la moitié de la dot générale. Celui qui n'aura versé que 100 fr. ne recevra que 536 fr. 80 c., etc.

remède héroïque, efficace. Les Compagnies d'assurances ont produit, en pareil cas, d'excellens résultats. A ces

---

Si les associés avaient un âge différent, leurs diverses mises seraient déterminées et graduées à l'aide des tables de la mortalité insérées dans l'*Annuaire du Bureau des Longitudes*, et que nous croyons devoir reproduire ici, dans le but de vulgariser les assurances sur les Caisses d'épargnes.

TABLE DE LA MORTALITÉ EN FRANCE,

PAR M. DUVILLARD.

AGES.	VIVANS.	AGES.	VIVANS.	AGES.	VIVANS.	AGES.	VIVANS.
0	1000000	28	451625	56	248782	84	15175
1	767525	29	444932	57	240214	85	11886
2	671834	30	438183	58	231488	86	9224
3	624668	31	431398	59	222605	87	7165
4	598713	32	424583	60	213567	88	5670
5	583151	33	417744	61	204380	89	4686
6	573025	34	410886	62	195054	90	3830
7	565838	35	404012	63	185600	91	3093
8	560245	36	397123	64	176035	92	2466
9	555486	37	390219	65	166377	93	1938
10	551122	38	383300	66	156651	94	1499
11	546888	39	376363	67	146882	95	1140
12	542630	40	369404	68	137102	96	850
13	538255	41	362419	69	127347	97	621
14	533711	42	355400	70	117658	98	442
15	528969	43	348342	71	108070	99	307
16	524020	44	341235	72	98637	100	207
17	518863	45	334072	73	89404	101	135
18	513502	46	326843	74	80423	102	84
19	507949	47	319539	75	71745	103	51
20	502216	48	312148	76	63424	104	29
21	496317	49	304662	77	55511	105	16
22	490267	50	297070	78	48057	106	8
23	484083	51	289361	79	41107	107	4
24	477777	52	281527	80	34705	108	2
25	471366	53	273560	81	28886	109	1
26	464863	54	265450	82	23880	110	0
27	458282	55	257193	83	19106		

Cette table indique combien, sur un million d'enfans nés au

associations bornées et isolées, ajoutons la mutualité, l'association universelle, dirigée ou protégée par le

---

même instant, il en reste de vivans après 1 an, 2 ans, jusqu'à 110 ans, époque où il n'en existe plus. Par exemple, à 20 ans, il n'en reste que 502,216, ou un peu plus de la moitié, et à 45 ans, que 334,072, ou un peu plus du tiers. Si l'on prend la différence entre deux nombres consécutifs de la table, entre ceux qui correspondent à 40 et 41 ans, par exemple, on aura 6,985 pour le nombre d'individus qui meurent pendant cette année : ainsi, sur 369,404 individus qui ont 40 ans, il en meurt 6,985 dans une année ou 1 sur 53; à 10 ans, où le danger de mourir est le moins grand, il ne meurt qu'un individu sur 130.

Pour savoir le nombre d'années qu'une personne de 40 ans vivra, probablement, on cherchera dans la table le nombre de personnes qui ont 40 ans, c'est-à-dire 369,404 : on en prendra la moitié qui est 184,702; cette moitié correspond à peu près à 63 ans. Donc, puisqu'à 63 ans une moitié des individus qui avaient atteint 40 ans est morte et l'autre vivante, il y a autant à parier pour ou contre, qu'une personne de 40 ans parviendra à cet âge. C'est donc 63 ans, moins 40, ou 23 ans, qu'une personne de 40 ans a probablement à vivre encore. La connaissance de la vie probable est d'une grande utilité pour les placemens viagers et dans les opérations des Compagnies d'assurances.

Voici de quelle manière on pourra se servir des Tables de la mortalité dans les associations mutuelles sur les Caisses d'épargnes. Dans cette Table, et dans l'exemple cité, les enfans de naissance arrivés à un an sont réduits aux 2/3 à peu près, et gagnent, par conséquent, les mises du tiers qui a succombé, grossies des intérêts. Leur capital respectif s'élèvera alors à 684 fr. 80 c., somme que les enfans d'un an auront à compter pour entrer dans cette association : car ils doivent se mettre dans les mêmes circonstances en compensant la différence d'âge, par un surcroît proportionnel de mise. A deux ans, cette population enfantine aura encore diminué d'environ 1/7e, ce qui élèvera leur mise à

Gouvernement. Tous les sinistres, tous les désastres par incendie, grèle, inondation, etc., seraient réparés par le Gouvernement, au moyen d'un budget spécial alimenté par les primes d'assurances, libres ou obligatoires et toujours proportionnelles à l'importance et à la nature des objets assurés : ces primes seraient réduites à leur minime expression par l'absence de tout bénéfice. Dans ce vaste système d'association mutuelle, la société tout entière s'intéresse au malheur d'un chacun, et la fortune de l'individu est placée sous la protection des masses. Alors plus de brigandages, plus de vandalisme, quand tous ces actes de haine ou de vengeance personnelle tourneraient au préjudice de leurs auteurs.

---

820 fr. 54 c., somme que les enfans de 2 ans devront payer pour entrer dans leur société. D'après les mêmes calculs, les enfans de 3 ans paieront 926 fr. 43 c., ceux de 4 ans 1,015 fr. 15 c., ceux de 5 ans 1,095 fr. 65 c., etc.

Les versemens pourraient encore s'effectuer par annuités, si l'on ne redoutait pas les difficultés de leur perception. Du reste, voici quelques données qu'on pourra consulter si l'on adopte cette combinaison qui repose sur la théorie des placemens viagers. Une somme de 500 fr. payée d'avance en une seule fois, dans une association d'une durée de vingt ans, équivaut à vingt annuités de 38 fr. 40 c.; ou à dix-neuf annuités de 54 fr. 22 c.; à dix-huit annuités de 67 fr. 13 c.; à dix-sept annuités de 78 fr. 57 c.; à seize de 89 fr. 58 c.; à quinze de 100 fr. 90 c., etc. C'est-à-dire, que les enfans de naissance, pour entrer dans cette société, dont la mise est de 500 fr., paieront 38 fr. 40 c., pendant vingt ans; les enfans d'un an paieront 54 fr. 22 c. pendant dix-neuf ans; ceux de 2 ans paieront 67 fr. 13 c. pendant dix-huit ans; ceux de 3 ans paieront 78 fr. 57 c. pendant dix-sept ans, etc. Ce système se prête encore à d'autres combinaisons moins importantes dont je ne fais pas mention.

DE LA MISÈRE SOCIALE.

Nous voici arrivés à la classe la plus nombreuse des misères humaines, des maladies sociales intimément liées à l'imperfection de nos lois, aux vices de nos institutions; misère profonde, générale, frappant des classes entières, des populations nombreuses; fléau dévastateur dont on a méconnu l'origine et contre lequel on n'a dirigé que des palliatifs impuissans, la charité qui humilie et abrutit.

DE L'INÉGALE RÉPARTITION DE LA RICHESSE PRIMORDIALE. — L'inégale répartition de la richesse primordiale, sous l'empire de la force, de la ruse et du savoir, est une des nombreuses causes de l'opulence, et par contre, de la misère générale. La fortune a été souvent le résultat de l'usage privilégié, ou de l'abus du principe de l'appropriation. Le droit d'appropriation a été lui-même mis en question. Des publicistes célèbres pensent que l'homme n'a de droits que sur les fruits de la terre et de son travail. Mais s'il a le droit de s'approprier la production, il s'empare de tout ce qu'il y a d'utile dans la nature. S'il possède le fruit, ne possède-t-il pas l'arbre? N'est-il pas possible, n'est-il pas légal (Turgot), d'établir l'équivalence et l'échange entre la terre et sa production, entre le capital et le travail? La division de la terre primordiale est, en principe, aussi légale que le partage des biens communaux, que réclame unanimement la presse démocratique? Mais ce droit d'appropriation devrait être, et n'a pas toujours été, réciproque et universel.

Le droit, c'est la liberté, c'est l'activité, c'est la vie de l'humanité, aux divers âges du monde. La loi est la règle du droit aux mêmes époques de l'évolution humanitaire. La justice absolue ou perfection, est le règne du droit au plus haut degré de développement organique de l'humanité. La civilisation est l'histoire de toutes les évolutions humaines, à travers les siècles. La légalité, ou justice relative, est l'exercice normal du droit, aux diverses époques organiques où il a été formulé. Les diverses imperfections du droit et de la loi, correspondent à des états organiques informes, qui en renferment le principe et la légitimité. Ainsi, la féodalité, cette monstrueuse tyrannie de l'homme sur l'homme et sur le sol, était elle-même une forme du progrès qui disséminait, sur une classe d'hommes forts et intelligens, le privilège de la fortune, jusqu'alors concentré dans une seule famille, et qui doit être un jour accessible à tout le monde.

Quelle que soit son origine, la propriété est le fait légal et sacré d'un droit imparfait qu'il faut modifier, d'un abus qu'il faut détruire. La propriété a subi tant de crises, tant de révolutions, qu'elle s'est, en quelque sorte, légitimée. La propriété est la pierre angulaire sur laquelle repose l'édifice social, et à laquelle on ne saurait toucher sans en compromettre l'existence. L'inégale répartition de la richesse primordiale est donc un fait accompli, devant lequel l'humanité s'incline en gémissant et dont il importe de prévenir le retour, d'en atténuer les conséquences. Mais si l'inégalité existe dans la nature, que l'égalité règne dans la loi. Si l'homme est pauvre, qu'il ait au moins le droit et le pouvoir de devenir riche.

DE L'INÉGALE DISTRIBUTION DES DROITS SOCIAUX. — Car la misère est spécialement une œuvre mondaine. Les mêmes hommes qui abusèrent du droit d'appropriation s'en assurèrent la jouissance et la transmission par des lois arbitraires, les législateurs étant trop souvent sortis de la classe privilégiée au profit de laquelle se formulaient les lois. La société est une vaste association créée parmi les hommes pour en multiplier les ressources et la puissance (*). Cette association mutuelle

(*) L'association est le levier d'Archimède avec lequel on soulèvera le monde, en lui donnant pour point d'appui le concours universel. L'association de toutes les forces vives de la production, du capital et du travail (dans sa triple manifestation scientifique, industrielle et manuelle), doit être libre et volontaire. Voici une formule toute pratique d'association, fondée sur la participation proportionnelle du capital et du travail, à la production, formule qui réaliserait un véritable progrès quand elle ne serait pas l'expression du rapport absolu du travail et du capital (1).

Concevons une association industrielle de quarante personnes, au fonds social de 100,000 fr.;

Supposons que le produit brut de la société se décompose de la manière suivante :

CAPITAL.	Intérêt du Capital social, 100,000 f. à 4 %.	4,000 f.	DÉPENSES.
	Amortissement du capital matérialisé, de 25,000 f à 4 p. %.	1,000	
	Réparations du matériel, frais divers.	1,000	
	Achat de matières premières.	44,000	
TRAVAIL.	Salaires du talent et du travail.	50,000	
Production.	Bénéfice net.	6,000	BÉNÉFICE.

(1) La théorie de la production repose sur trois systèmes principaux. La première théorie accorde une part excessive au capital, sur le travail, dans

impose à tous ses membres des devoirs et des charges, des droits et des avantages. La perfection sociale est dans l'harmonie des droits et des devoirs. Le vice de presque toutes les institutions sociales, au contraire, consiste dans ce manque de rapports; « Tous les droits » sont d'un côté et tous les devoirs de l'autre (M. J. » Reynaud.) »

Le droit, avons nous dit, c'est la liberté : le règne du droit c'est la République. Le but de la République est d'assurer à tous la plus grande masse possible de liberté, dans la pensée, dans l'activité, dans le fonctionnalisme. Par la liberté de penser, l'homme discerne le bien du mal; par la liberté de réunion, l'humanité réalise sa

---

La production est le résultat de l'association du capital et du travail. Cette association s'exerce sous la direction d'un conseil d'administration, composé d'ouvriers et de capitalistes, d'après le même mode proportionnel. Un simple calcul déterminera la part collective et individuelle du capital et du travail, sur la production.

La part collective, annuelle et proportionnelle du capital = les $\frac{100000}{150000}$ de 6,000 fr. = 4,000 fr.

La part collective, annuelle et proportionnelle du travail = les $\frac{50000}{150000}$ de 6,000 fr. = 2,000 fr.

---

la production. Elle remonte aux premiers âges du monde, où l'homme, frappé des merveilles de la nature, s'effaça devant la création et servit le premier maître qui osa exploiter son ignorance et sa superstition. Telle est l'origine de l'esclavage, du servage, de la féodalité. La seconde théorie est une réaction sur la première, elle fait au travail une part exclusive sur la production; elle conteste à la terre son principe de fécondité jusqu'alors trop exagéré. De là la gratuité du crédit, l'abolition de la rente. Enfin, la troisième théorie, selon nous la plus rationnelle, et à laquelle appartient cet opuscule, considère la production comme le fruit du mariage du capital et du travail, et cherche à déterminer les droits respectifs de ces deux agens producteurs sur leur enfant légitime).

puissance, qu'elle exerce en vertu du suffrage universel. La liberté de la presse, le droit de réunion et le suffrage

---

La part individuelle, etc., de chaque associé aurait pour formule :

CAPITAL.	*A.*	Intérêt du capital individuel, mobile ;
	B.	Part proportionnelle à ce capital, sur le bénéfice général ;
MATÉRIEL.	*C.*	Intérêt du capital individuel matérialisé ;
	D.	Part proportionnelle à ce capital, sur le bénéfice ;
	E.	Amortissement du capital individuel matérialisé ;
TRAVAIL.	*F.*	Salaire individuel ;
	G.	Part proportionnelle à ce salaire, sur le bénéfice ;

Au cas où tous les capitaux et tous les salaires associés seraient égaux, la formule ci-dessus aurait pour valeur :

CAPITAL.	$A = \frac{75{,}000 \text{ capital}}{40 \text{ associés}} = \frac{1{,}875 \text{ fr.}}{25 \text{ int}} =$	75 fr.	
	$B =$ les $\frac{75{,}000}{150{,}000}$ de 6,000 fr. $= \frac{3{,}000 \text{ fr.}}{40 \text{ as.}} =$ ..	75 »	
MATÉRIEL.	$C = \frac{25{,}000 \text{ fr.}}{40 \text{ ass.}} = \frac{625 \text{ fr.}}{25 \text{ int.}} =$	25 »	
	$D =$ les $\frac{25{,}000}{150{,}000}$ de 6,000 fr. $= \frac{1{,}000 \text{ fr.}}{40 \text{ as.}} =$ ..	25 »	TOTAL 1,525 f.
	$E = \frac{25{,}000 \text{ fr.}}{40 \text{ ass.}} = \frac{625 \text{ fr.}}{25 \text{ int}} =$	25 »	
TRAVAIL.	$F = \frac{50{,}000 \text{ fr.}}{40 \text{ ass.}} =$	1,250 »	
	$G =$ les $\frac{1{,}250}{150{,}000}$ de 6,000 fr. $=$	50 »	

universel, sont les trois piliers sur lesquels repose la voûte républicaine, et dont la mutilation pourrait entraîner des catastrophes épouvantables.

Le suffrage universel, ou le droit général de participation au fonctionnalisme social, est un des droits civiques les plus importans. Droit naturel, inhérent à l'essence de toute association et droit de conquête, acquis au prix de flots de sang humain. Concevez-vous une association quelconque, politique, littéraire, industrielle ou religieuse, dans laquelle une fraction considérable de ses membres serait privée du droit de coopération? Il en est une, immense, éternelle, instituée dans tous les pays et dans laquelle figure une imposante fraction de l'humanité. Cette classe déshéritée est plongée dans la misère et dans l'ignorance. Elle n'était pas mûre pour la liberté et on lui a ravi ses droits : singulière contradiction, on lui a conservé tous ses devoirs, toutes ses charges!

La restriction du suffrage universel est non-seulement une injustice, c'est encore une monstruosité qui enfante le privilège et le despotisme, l'opulence et la misère. Les places, les emplois, les fonctions supérieures, les diverses administrations, les gros salaires, en un mot, sont généralement le privilège des classes

---

Dans tous les cas, les dividendes seraient proportionnels aux capitaux et salaires associés. Quant à la perte, toujours plus rare et moins considérable dans une association bien organisée, elle serait moins lourde quand elle pèserait uniformément sur tous les membres de l'association. Dans l'exemple cité, le bénéfice étant le 25e du capital et du travail, il élève les salaires d'un 25e. Ce chiffre peut varier dans diverses associations, où il figurera toujours en raison directe des salaires et en raison inverse des capitaux associés.

riches, et dans l'état actuel de la société, il n'en pouvait être différemment. Les professions libérales exigent des connaissances spéciales qui demandent de longues études, lesquelles entraînent de grandes dépenses, interdites à l'indigence. Les classes pauvres n'arrivent ainsi à la fortune, par voie professionnelle, que d'une manière exceptionnelle, par la protection ou par un travail excessif qui souvent épuise le corps et décourage l'esprit. Le favoritisme, ou le mode vicieux et arbitraire de la distribution des places, des emplois, est encore un puissant obstacle contre lequel vient souvent se briser le génie pauvre qui cherche à s'élever.

Si l'éducation était gratuite, seulement au premier degré; si dans les écoles communales il y avait annuellement un concours général pour les bourses des collèges, trop souvent distribuées par la faveur; s'il existait dans ces collèges, un concours pour les bourses des écoles spéciales, des diverses facultés, des nombreuses administrations, bourses progressivement élevées au niveau des ressources et des besoins; par le concours, en un mot, le talent pauvre arriverait facilement à l'instruction et aux emplois. Le concours général, universel, pour tous et pour tout, substitue le fonctionnalisme d'en bas à l'arbitraire d'en haut. Par le concours, qui enlace l'intérêt particulier à l'intérêt général, l'égoïsme, ce terrible mobile des actions humaines, que les philosophes ont vainement cherché à extirper du cœur humain, devient un puissant instrument de civilisation. Quand le fonctionnaire relèvera du peuple, il agira dans l'intérêt des masses, car il agira toujours dans ses intérêts.

La concurrence est une des formes de la liberté individuelle, dans la sphère de l'industrie, du commerce,

Il est question ici de la liberté absolue, universelle, égale ou proportionnelle, puissance individuelle qui se tempère et se neutralise par la même puissance de tous. Je veux parler de la véritable concurrence « qui stimule incessamment le génie industriel, qui multiplie utilement les produits, qui fait éclore des sources inconnues de richesses, qui ouvre ses débouchés et élève la consommation. » La véritable concurrence est l'émulation et non point l'antagonisme des intérêts; elle n'est point cette lutte inégale, monstrueuse, du riche contre le pauvre; du faible contre le fort; il n'est pas non plus ici question de la concurrence proprement dite qui engendre les faillites, la ruine et la misère. La véritable concurrence est le principe social que les économistes du XVIIIe siècle encouragèrent, sans en entrevoir toutes les conséquences. Soyons reconnaissans envers les A. Smith, les Turgot, et tous ces vertueux citoyens qui brisèrent les entraves de l'industrie et ouvrirent ainsi une large voie à l'indépendance des peuples.

DE L'INÉGALE IMPOSITION DES DEVOIRS SOCIAUX. — Le but de toute association est de multiplier sa puissance par la réunion des forces individuelles éparses, d'abriter le fonctionnalisme civil sous le fonctionnalisme social. Comme cette protection générale est proportionnelle, les charges qu'elle impose aux citoyens doivent être proportionnelles. La société protège l'individu dans sa dualité d'homme et de citoyen, dans sa vie et dans sa fortune. L'impôt personnel est la cote-part individuelle de la protection humanitaire, imposition égale et uniforme comme la protection à laquelle

elle correspond. L'impôt civil, au contraire, doit être proportionnel comme la propriété qu'elle protège, comme l'industrie qu'elle défend. L'impôt progressif serait absurde, si la progression était indéfinie, arbitraire, si elle était limitée. D'ailleurs, la proportion de l'impôt serait suffisante si elle était réelle.

Une analyse succincte de l'impôt en fera mieux ressortir la disproportionnalité et l'illégalité. L'impôt civil est pécuniaire ou en nature. L'impôt pécuniaire est direct ou indirect. L'impôt direct se divise en impôt territorial, foncier, et des portes et fenêtres; et industriel, ou patentes et loyers. L'impôt indirect renferme les octrois, les droits réunis, etc. L'impôt en nature comprend la conscription militaire et la prestation en nature.

L'impôt foncier est peut-être le moins imparfait de tous, quoiqu'il laisse beaucoup à désirer, malgré les efforts de l'administration pour arriver à la péréquation de l'imposition territoriale, au moyen du travail cadastral. L'impôt industriel, des patentes, est bien défectueux : il pèse presque exclusivement sur le travail manuel, sur les états industriels, laissant en dehors du fisc plusieurs professions libérales, des administrations supérieures, certaines carrières fort lucratives. L'impôt épargne encore une classe nombreuse d'industriels riches et puissans, les capitalistes. La péréquation de l'impôt, établi sur le revenu ou sur le capital, en distribuant proportionnellement les charges publiques sur l'universalité des citoyens, en allègera la part respective et en élèvera la puissance.

L'impôt indirect est très-illégal en ce qu'il est peu proportionnel. Il porte sur les objets de première nécessité, sur les conditions même de l'existence. Les octrois et les droits réunis grèvent les alimens les plus indispensables à la vie, ceux-là-même dont le pauvre use le plus; ils renchérissent et réduisent la consommation alimentaire, le *pabulum vitæ*, que le fisc devrait respecter. Cet impôt pèse spécialement sur les classes malheureuses, qui l'acquittent aux dépens de leur nécessaire, au détriment de leur santé (*).

L'impôt en nature, prestation en nature et conscription militaire, n'est ni moins inique, ni plus proportionnel. Il est évidemment injuste que tous les individus concourent, pour une égale part, à l'entretien des chemins vicinaux, qui servent d'une manière toute spéciale, aux possesseurs des terres qu'ils traversent. Dans un système d'équilibre fiscal, les chemins vicinaux devraient être exclusivement, ou du moins spécialement, à la charge des propriétaires, en proportion de l'utilité qu'ils en retirent.

La conscription militaire est actuellement pour le pauvre, la plus lourde, la plus dure des charges sociales. Imposition que le riche acquitte avec une fraction d'autant plus minime de sa fortune qu'elle est plus considérable, et que le pauvre paie souvent avec son sang. Ce système est non-seulement vicieux en ce qu'il est en raison directe de la misère; il est encore dangereux en

---

(*) Les produits des octrois pourraient être remplacés au moyen des centimes additionnels sur l'impôt direct, du moment où il serait réellement universel et proportionnel. L'Angleterre, qui nous a précédés dans la voie des réformes, vient d'abolir ses octrois, et par là elle a considérablement élevé la consommation alimentaire, dont elle a aussi diminué la cherté.

ce qu'il recrute les défenseurs de la patrie dans les classes les plus ignorantes, les plus malheureuses de la société; dans les conditions d'individualité les plus défavorables, les vocations ne formant qu'une minime fraction du recrutement militaire. Si les classes laborieuses éprouvent tant d'horreur pour la carrière militaire, c'est qu'elles y consument inutilement les plus belles années de leur existence; c'est qu'elles y consacrent, sans nul bénéfice, leur bonheur, leur santé et même leur vie. On élèverait et l'on moraliserait l'armée en la régularisant, en la transformant en une administration spéciale. Il suffirait, pour cela, de faire rentrer la conscription militaire dans le droit commun, et de rémunérer convenablement ses précieux services, dans les grades inférieurs. Cette honorable profession serait alors convenablement ambitionnée : l'armée, recrutée parmi les aptitudes et les capacités, serait bien plus puissante, mieux disciplinée et pourrait être un jour sensiblement réduite : on pourrait alors l'appliquer avec succès aux grands travaux d'utilité publique, ce qui en réduirait considérablement le budget, toujours assis sur la proportionnalité de l'impôt et du revenu.

DE L'INÉGALE ET DE L'EXCESSIVE PRODUCTIVITÉ DU CAPITAL. — L'usure est le dernier et peut-être le plus lourd, le plus monstrueux des impôts qui pèsent sur la société. L'usure est la production privilégiée et excessive des capitaux, des instrumens du travail. Ses conséquences déplorables ont été la diminution et le renchérissement de la production, le ralentissement du travail et la réduction de la consommation. L'usure a déchaîné la lutte inégale, la concurrence limitée, privilégiée de l'industrie, et en a précipité les désastres, les faillites et la misère (*).

La productivité excessive des capitaux dérive, elle-même, moins de leur insuffisance réelle que de leur concentration, et surtout de leur circulation restreinte. Les abus de la richesse s'atténuent insensiblement et disparaîtront complètement par les réformes du crédit, qui proclameront la liberté des banques et la mobilisation de la propriété foncière (**).

Le principe lui-même de la production des capitaux vient d'être remis en question dans une polémique célèbre. Sans vouloir en aucune manière rentrer dans ce débat, je suis forcé de produire les principales considérations qui militent en faveur de la productivité du capital, principe fondamental sur lequel repose mon système de Banques hypothécaires.

(*) L'inégalité de l'intérêt, généralement en raison inverse de la fortune et du crédit, et par conséquent de la production, place les industriels dans des conditions relatives des plus défavorables. Celui qui produit le plus, produit aussi au plus bas prix, et fait à ses adversaires une concurrence désastreuse.

(**) Des institutions de crédit foncier existent depuis plusieurs années dans les principaux Etats de l'Allemagne. Plusieurs de ces établissemens, confiés à l'industrie privée, prêtent à la petite propriété, sur hypothèque, à 4 1/2 et 5 p. °/₀. Quelques banques particulières, au moyen d'une légère élévation d'intérêt, destinée à l'amortissement du capital, libèrent l'emprunteur de sa dette, au bout d'un certain nombre d'années. Ce système est excellent et l'emporterait sur notre Banque hypothécaire, si comme elle, il était soustrait au caprice du capital et aux crises révolutionnaires. Toutefois, ces divers systèmes, loin de s'exclure, sont destinés à se prêter un mutuel appui.

La production du capital, en lui-même stérile, s'explique et se légitime jusqu'à un certain point, par le danger auquel il s'expose en se prêtant. L'intérêt est une prime d'assurance contre les chances de pertes, inséparables des meilleurs placemens, en tant que la prime n'excède pas le risque. L'intérêt est alors l'appoint d'équivalence dans le prêt, entre le créancier qui donne son argent et le débiteur qui s'engage à le lui rendre. La légitimité de l'intérêt s'explique encore, selon Turgot, par l'assimilation, par la possibilité d'échange entre les fruits du travail et le fonds de terre, élément producteur. Enfin, le capital n'est-il pas un instrument, une machine féconde, puisqu'il seconde le travail de l'homme et en multiplie les productions, machine qui s'use en fonctionnant et s'expose en se prêtant.

Quelle que soit la valeur des divers argumens à l'appui de la productivité du capital, quelle que soit la solidité de la base sur laquelle repose mon système de Banques hypothécaires; si ce système réprime des abus, s'il atténue le mal, ce système ne doit pas être repoussé, en vue d'une réforme plus radicale, mais plus éloignée et plus hypothétique.

DES BANQUES HYPOTHÉCAIRES.

L'industrie a pris, dans les grandes villes, un essort excessif, au détriment de l'agriculture qui manque de bras et ne peut fournir aux exigences de la consommation. C'est donc vers l'agriculture qu'il convient de reporter ce surcroît de population dont s'affligent les grands centres. C'est en ranimant le travail agricole qu'on régularisera le travail industriel.

Les travaux d'utilité publique, les colonies agricoles, les défrichemens, etc., sont les grands remèdes à opposer à la crise qui nous tourmente (*). Mais ces puissantes institutions, sur lesquelles repose l'avenir de la France, demandent de grandes ressources financières. Et la propriété, pierre angulaire de l'édifice social, la propriété, source première de toutes les productions, comme de toutes les ressources financières, manque d'argent et de crédit. La Banque la paralyse ou l'usure la ruine.

Aussi, nous demandons qu'on fasse pour la propriété, ce qu'on a fait pour les marchandises qui en éma-

---

(*) Les défrichemens sont appelés à rendre de grands services à la société : ils occuperont de nombreux ouvriers, dont ils amélioreront le sort en leur facilitant l'accès de la propriété. Lexploitation des terres incultes pourrait être décrétée d'utilité publique et serait régie par une loi d'expropriation qui porterait, non sur le fonds, mais sur l'usufruit, limité et proportionné à la nature des terrains concédés, ainsi que sur la plus-value. Les terres incultes renferment dans leur sein des trésors précieux sur lesquels j'appelle l'attention des législateurs.

nent (*). Nous désirons que l'homme trouve, sur la garantie du sol, l'argent qu'on lui avance sur le gage de son travail. Nous supplions enfin l'Assemblée nationale de ne pas repousser la mobilisation de la propriété foncière, l'établissement des Banques hypothécaires.

Les Banques hypothécaires, qui fonctionnent déjà en Allemagne, développeront partout le crédit public à la hauteur des besoins et concourront puissamment à la prospérité du pays.

Quant à la réalisation des Banques hypothécaires, deux principaux systèmes sont en présence. Dans la première combinaison, qui sous le rapport de la légalité, me paraît préférable, la mobilisation de la propriété s'exerce sous la protection du Gouvernement, moyennant un faible droit d'administration, 1/2 p. % par exemple, et sous forme d'inscriptions hypothécaires, productives d'intérêt à 3 fr. 65 c., c'est-à-dire, un centime par jour, par chaque cent francs du capital : chiffre qui permet d'en calculer facilement les intérêts journaliers (**). Ces billets seraient transmissibles,

---

(*) Il est surprenant que le Gouvernement, dans sa sollicitude pour l'agriculture, n'ait jamais imposé, à la Banque de France, la condition d'affecter une partie de ses ressources au crédit foncier. Il est plus extraordinaire encore que lors de la création des Comptoirs nationaux, des établissemens de ce genre n'aient pas été organisés en faveur de la propriété immobilière, à laquelle ils auraient prêté, sur hypothèque, avec la même sécurité, qu'à l'industrie sur le dépôt de ses marchandises.

(**) Ce calcul lui-même, à cause de son extrême facilité, ne serait pas un obstacle à la circulation des billets hypothécaires. Pour obtenir ce calcul, il suffit de multiplier le capital du billet par le nombre de jours écoulés depuis son émission et de diviser

négociables, à l'instar des billets de banque ou des coupons de rente sur l'Etat.

La Banque hypothécaire aurait une succursale dans tous les chefs-lieux de canton, chez le préposé des finances, qui offrirait toutes les garanties désirables, et serait régie par une administration spéciale. Chaque Banque particulière aurait un rôle, ou registre de toutes les propriétés foncières, immobilières de son ressort, classées par canton et par commune. Chaque propriété occuperait, sur le grand livre, une page qui serait débitée en autant de billets hypothécaires, de différentes valeurs, que le comporterait le crédit de la susdite propriété, en dehors de ses charges. Ce crédit s'élèverait à la moitié de la valeur foncière libre. Il serait déterminé par un jury d'estimation, ou au moyen de la matrice cadastrale qui donne la valeur approximative du sol, et sur un certificat du bureau des hypothèques, un extrait du contrat de mariage, ou tout acte énonçant l'hypothèque légale (*).

---

le produit par dix mille, en séparant, par une virgules, les quatre derniers chiffres. Supposons qu'un billet de 1,000 fr. circule depuis trois mois ou 90 jours, son intérêt sera alors représenté par $\frac{1{,}000^{\text{cap.}} \times 90^{\text{circ.}}}{10{,}000} = 9{,}^{\text{fr.}}0000^{\text{c.}} = 9$ fr.; la valeur du billet, à cette époque, sera de $1{,}000^{\text{cap.}} + 9^{\text{circ.}} = 1{,}009$ fr.

(*) L'hypothèque légale, avec son caractère occulte, n'est pas un obstacle à l'établissement du crédit foncier. L'inscription de l'hypothèque légale est exigée par la loi de la part du débiteur, dont l'infraction est frappée d'une peine sévère, la contrainte par corps (C. §. 2136.). Dans tous les cas, un pareil système de

Les billets hypothécaires seraient entourés de toutes les précautions administratives nécessaires pour en garantir l'authenticité et en prévenir la contrefaçon. Ils porteraient le sceau de la Banque et la signature des directeurs. Au moment d'entrer en circulation, ils recevraient la signature du propriétaire et la date à partir de laquelle ils produiraient intérêt. Sur ces billets figureraient encore les noms du département, arrondissement, canton, commune, et le n° du plan cadastral de la propriété hypothéquée : indications qui permettraient au créancier de vérifier l'authenticité et le rang des valeurs qu'on lui donne.

Quand ces billets ne descendraient pas au-dessous de cent francs, leur circulation n'en serait pas entravée : ils seraient facilement échangés contre du numéraire qui se prête admirablement à toutes les transactions. Les billets hypothécaires devraient avoir cours forcé, ce qui n'entraînerait aucune catastrophe financière. Ils circuleraient ainsi de débiteur en débiteur, jusqu'à un dernier créancier qui se trouverait détenteur d'une bonne valeur et productive d'intérêt, en attendant son remboursement. A défaut de paiement ou de proroga-

---

Banques, où le crédit ne s'élève qu'à la moitié de la valeur réputée libre de la propriété, n'a pas à redouter la fraude d'un débiteur stellionataire. Tout billet hypothécaire qui se trouverait ainsi déplacé par une hypothèque légale occulte, aurait encore une garantie suffisante dans la seconde moitié libre de cette même propriété. Et il pourrait exercer ses droits, aux termes de la loi et des statuts, par la double voie de la contrainte par corps et de l'expropriation.

tion, sur présentation ou par offre légale de présentation, tout billet hypothécaire pourrait être poursuivi en expropriation, dirigée par le Gouvernement; l'acquéreur resterait dépositaire responsable du montant des valeurs en circulation et des hypothèques légales. La limite de la prorogation serait celle du crédit, l'extinction des billets hypothécaires; les prorogations successives figureraient sur ces billets ainsi que les quittances des intérêts annuels.

Les Banques hypothécaires offrent toutes sortes de garanties à la société. Elles ne sont que la généralisation du système hypothécaire actuel, dégagé de ses entraves et soustrait au caprice du capital, au joug de l'usure. Ces Banques ne créent pas de nouvelles valeurs, mais elles donnent la circulation et la vie aux valeurs immobilières qui en étaient privées (*).

(*) Je ne comprends pas qu'on puisse, de bonne foi, assimiler les billets hypothécaires aux assignats. Les assignats n'avaient qu'une valeur fictive, conventionnelle, tirée de la force de la loi : leur émission est illimitée, leur réalisation difficile et leur dépréciation inévitable. Les billets hypothécaires, au contraire, reposent sur la propriété qu'ils représentent : leur émission est bornée et garantie par cette même propriété qui en prévient, à jamais, la dépréciation.

On a dit encore que ce système réaliserait la gratuité du crédit, par le déplacement successif des capitaux et l'abaissement proportionnel de l'intérêt. D'abord, ces déplacemens successifs suivent une progression décroissante, l'argent trouvant de nouvelles destinations par l'abaissement même de son taux. Supposons que ces Banques mettent en circulation pour un milliard de valeurs immobilières; cinq cents millions pourront se jeter dans de nou-

Dans le second système, la mobilisation de la propriété devient le privilège exclusif du Gouvernement, qui délivre des billets hypothécaires, avec cours forcé et sans intérêt, en échange d'inscriptions hypothécaires établies sur la propriété de l'emprunteur, à un taux modéré. Le Gouvernement deviendrait ainsi créancier vis-à-vis de la propriété, à laquelle il donnerait en retour, ses bons à cours impératif. De deux choses l'une : ou ces billets hypothécaires reviendraient au Gouvernement qui les aurait émis, pour y être convertis en numéraire, et alors je me demande avec quel argent le Gouvernement opèrerait ce remboursement : ou bien ces billets, en vertu de leur cours forcé, seraient dispensés indéfiniment de tout remboursement, et ils seraient alors dépréciés entre les mains du créancier, dépréciation qui nuirait considérablement au pays.

Le système serait moins vicieux, mais encore imparfait, quand les inscriptions hypothécaires, transmissibles, avec cours légal, seraient productives d'intérêt, entre les mains du Gouvernement.

---

velles spéculations, et 500,000,000 fr. seulement serviront au remboursement de pareille somme, par la différence de leur intérêt. Cette dernière somme ne déplacera plus que la moitié de sa valeur, et, ainsi progressivement; d'un autre côté, le taux d'intérêt, se composant dans notre système, de la prime d'amortissement du capital et de sa production, réduite à sa plus simple expression, par la concurrence, ne descendra jamais au-dessous du chiffre qui les exprime. Au-dessus de toutes ces considérations plane la nature sainte et légale de notre institution qui n'est qu'un mont-de-piété, qu'un système de rentes sur la propriété.

Quelle que soit la valeur respective des divers systèmes, sur lesquels les législateurs seront appelés à se prononcer, un fait immense est acquis à la science et à l'humanité. Et ce fait établit l'utilité, la légalité des réformes sociales. Espérons que le Gouvernement appréciera, à leur juste valeur, ces puissantes institutions et en favorisera la réalisation.

Alais, imp. de veuve VEIRUN.

DÉPARTEMENT DU GARD.

ARRONDISSEMENT
DU VIGAN.

COMMUNE DE LASALLE.

Section B, N° 100 du plan cadastral.
Valeur libre : 8,000 Fr.

SPÉCIMEN
DU REGISTRE DES BANQUES HYPOTHÉCAIRES.

Banque cantonnale de Lasalle.

Rôle des Propriétés mobilisées de la commune de Lasalle.

PROPRIÉTÉ DU TAL, N° 10.

PROPRIÉTAIRE:
MARTEL,
Ouvrier à Lasalle.
dont le crédit hypothécaire
est de
4,000 francs.

LASALLE. — BANQUE HYPOTHÉCAIRE. — LASALLE.

N° 1.

BANQUE HYPOTHÉCAIRE DU CANTON DE LASALLE.
Département du Gard, Arrondissement du Vigan, Commune de Lasalle.

Billet hypothécaire de Deux mille francs,

Représentant l'hypothèque légale ou conventionnelle établie sur la propriété du Tal, Section B, N° 100, en faveur de Nion, demeurant à Lasalle.
Inscrite au Bureau des hypothèques du Vigan, vol. 1, fol. 9.

Le Vigan, le 1er mars 1840.

Sceau de la Banque.	*Signature du banquier :* G.	*Pénalité.*

N° 2.

BANQUE HYPOTHÉCAIRE DU CANTON DE LASALLE.
Département du Gard, Arrondissement du Vigan, commune de Lasalle.
Section B, N. 100 du plan cadastral.

Billet hypothécaire de Cent francs,
Payable dans un an, au taux de 3 francs 65 centimes.

Sceau de la Banque.	*Signature du banquier,* G.	*Signature du propriétaire,*	*Pénalité.*

N° 3.

BANQUE HYPOTHÉCAIRE DU CANTON DE LASALLE.
Département du Gard, Arrondissement du Vigan, commune de Lasalle.
Section B, N. 100 du plan cadastral.

Billet hypothécaire de Deux cents francs,
Payable dans un an, au taux de 3 fr. 65 c.

Sceau de la Banque.	*Signature du banquier,* G.	*Signature du propriétaire,* MARTEL.	*Pénalité.*

Lasalle, le 1er janvier 1851.

N° 4.

CADRE D'UN
Billet hypothécaire de Cinq cents francs,
Payable dans un an, au taux de 3 fr. 65 c.
(En circulation.)

N° 5.

BANQUE HYPOTHÉCAIRE DU CANTON DE LASALLE.
Département du Gard, Arrondissement du Vigan, Commune de Lasalle.
Section B, N. 100 du plan cadastral

Billet hypothécaire de Mille francs,
Payable dans un an, au taux de 3 francs 65 centimes.

Sceau de la Banque.	*Signature du banquier,* G.	*Signature du propriétaire,* MARTEL.	*Pénalité.*

Lasalle, le 1er février 1851.

N° 6.

Dos d'un Billet hypothécaire *(de deux mille francs).*

DISPOSITIONS GÉNÉRALES.

1. Tout billet hypothécaire, à l'échéance, doit être offert au Souscripteur pour son paiement ou sa prorogation, sous peine de perte des intérêts ultérieurs.
2. Tout refus de paiement et de prorogation est un cas de poursuite en expropriation dirigée par le Gouvernement; l'acquéreur est responsable des hypothèques légales et des billets hypothécaires en circulation.
3. La limite de la prorogation est celle du crédit, l'extinction des billets hypothécaires.
4. Le calcul journalier des intérêts des billets hypothécaires s'obtient facilement en multipliant le capital par le nombre de jours écoulés et en divisant le produit par 10,000 (en retranchant les quatre derniers chiffres).

Le billet n° 1 est affecté à la garantie de l'hypothèque légale ou conventionnelle; le n° 2 représente un billet de 100 fr. encore immatriculé; le n° 3 est daté et signé pour entrer en circulation; le n° 4 a été détaché du rôle et il circule; le n° 5 a été acquitté et retiré de la circulation, il rentre à la banque pour rétablir le crédit du propriétaire; le n° 6 représente le dos d'un billet hypothécaire où figurent quelques dispositions législatives importantes.

La nature du format n'a pas permis de donner plus de développement au Tableau, ni par conséquent d'y insérer un nombre plus considérable de billets hypothécaires dont la valeur respective, comme on le voit, est dans un rapport de progression avec leur ordination. — Pour le même motif, ces billets n'ont pas toutes les dimensions qui leur seraient nécessaires dans la pratique, pour les prorogations, quittances, etc.

90

90

www.ingramcontent.com/pod-product-compliance
Ingram Content Group UK Ltd.
Pitfield, Milton Keynes, MK11 3LW, UK
UKHW020431220726
13923UKWH00005B/2167

9 782019 300050